ATIKLARDAN HARİKA ŞE
YAPMAK

Türkiye Yayın Hakları PARILTI YAYINCILIK'a aittir.

Baskı: Ezgi Matbaacılık (Sertifika No: 12142), 2017

Konsept	: Ashish Kapoor & Kakul Kapoor
Yazar	: Mrinalini Singh
İllüstratör	: Daksh Sharma
Grafik	: Mukesh Kaintura
Editör	: Muhammet Cüneyt Özcan
Psikolojik Dnş.	: Ülkü Unsu
Türkçesi	: Gizem Köseoğlu

Çok eskiden, ördeklerin yaşadığı minik mi minik bir adada Suzi ve Toni isimli iki ördek varmış. Suzi de Toni de diğer adalara seyahat etmek istiyormuş. Ama gidemiyorlarmış, çünkü tekneleri yokmuş.

Bir gün, Toni plastik şişelerden bir yığın görmüş. O kadar çokmuş ki sayıları, Toni bunların adadaki diğer ördeklerin çöpü olduğu kanısına varmış.

Tüm şişeleri toplayıp evine götürmüş. Suzi, bu şişelerle ne yapacağını sormuş ona. “Bu atık şişelerle tekne yapmaya çalışacağız,” diye cevap vermiş Toni.

Aradan birkaç hafta geçmiş. Toni atık plastik şişelerden çok güzel bir tekne inşa etmiş. Adadaki diğer ördekler şaşkınlık içinde kalmışlar. Plastik şişe gibi atıkların böyle güzel şeylerde kullanılacağını gördüklerinde gözlerine inanamamışlar. Suzi ve Toni teknelerine binip ada ada gezmişler.

Gezilerini bitirip eve döndüklerinde bir zamanlar atık madde zannettikleri pek çok şeyi kullanmaya başlamışlar. Dersler düzenleyerek arkadaşlarına atık maddelerin değerlendirilmesinin önemini anlatmışlar. Dersler hepsi için hem çok ilginç hem de eğlenceli geçmiş.

Suzi, eski kıyafetlerin kumaşından eşya taşımak için çantalar yapılabileceğini fark etmiş. Eski cam vazosunu da tekrar değerlendirmiş. İçine küçük çiçekler dikip düzenli olarak sulamış. Suzi ve arkadaşları evlerindeki sebzelerin tamamını değerlendirmeye başlamışlar. Artan yemekleri evsizlere dağıtıp pek çok hayat kurtarmışlar.

Bir gün, Toni sahilde yatan yaşlı bir ördeğe rastlamış. Yanına gidip, “Bayım, eviniz nerede? Evinize bırakayım sizi,” diye teklif etmiş ona.

Yaşlı ördek, “Evim yok ki benim,” diye cevap vermiş ona. Toni, onu böyle bırakmamaya karar vermiş. Arkadaşlarını çağırmış ve birlikte atık karton kutulardan, plastik şişelerden ve tahtalardan ev yapmışlar.

Yaşlı ördek Toni'ye ve arkadaşlarına tek tek teşekkür etmiş. Suzi de bir süre sonra onlara katılmış; elinde aç ördeklere vermek için yemek dolu poşetler varmış. Toni ve Suzi atık maddeleri kullanarak kendilerine mini mini, güzel mi güzel bir dünya inşa etmişler. Eskiden olsa atık maddelerin yeniden değerlendirilebileceği akıllarına bile gelmezmiş. Sahiden de, atıklardan harika şeyler yapmışlar.

Eski bir plastik şişeden saksı yapabilirsin.

Eski bir çerçeve ve eski kurşun kalemlerden soyut desenli bir çerçeve yapabilirsin.

Eski bir broş ve kurdeleden duvar süsü yapabilirsin.

Dondurma çubuklarından oyuncak uçak yapabilirsin.

İnsanlar olarak bizler hiçbir şeyi mümkün olduğunca boşa harcamamalıyız. Daha sağlıklı bir doğa ve daha yeşil bir çevre için bu çok önemlidir. Atık maddeler pek çok şekilde yeniden kullanılabilir. Birazcık yaratıcı düşündüğümüz taktirde atık maddeler bizim için hiç bitmeyen bir eğlence kaynağı haline gelir!